Sueño en colores

Sueño en colores

© del texto: Luciana Pulido Rubio
© ilustraciones de: Ellipenny
© corrección del texto: Equipo BABIDI-BÚ

© de esta edición:
Editorial BABIDI-BÚ, 2025
Avda. San Francisco Javier, 9, 6ª, 23
Edificio Sevilla 2 - España
41018 - Sevilla
Tlfn: 912.665.684
info@babidibulibros.com
www.babidibulibros.com

Impreso en España
Primera edición: abril, 2025

ISBN: 979-13-87663-74-2
Depósito Legal: SE 222-2025

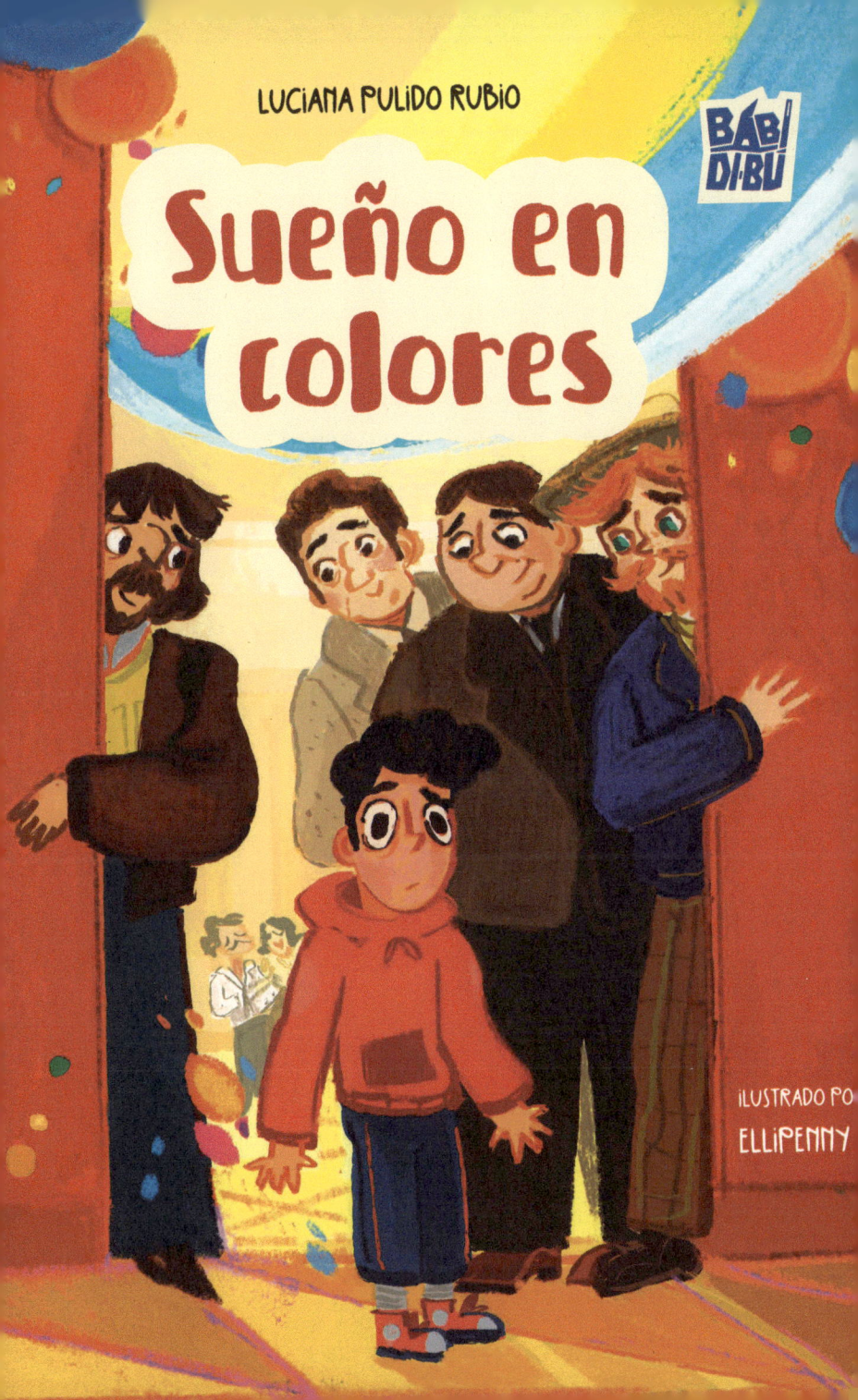

Índice

MI DIARIO MAGNÍFICO

¡Hola! Soy Joseph, tengo diez años y vivo en Madrid. Siempre me ha encantado el arte; cada vez que veo una pintura antigua de un gran pintor, me estremezco. Pensar en todo el tiempo que esa obra ha existido, que la pintaron grandes genios del arte, ¡es alucinante, mágico y único! Supongo que este amor por el arte viene de mis padres. Mi padre es un historiador de arte que trabaja en el Museo Thyssen-Bornemisza de Madrid. Voy allí a menudo y lo disfruto muchísimo; me sé las salas y las colecciones que hay en cada una de ellas de memoria. Y no importa cuántas veces haya visto los cuadros, siempre me impresionan. Mamá, en cambio, es artista, ¡una muy buena! A diferencia de mi padre, ella no investiga obras del pasado

sino que crea obras para el futuro. Se pasa horas en su estudio dando brochazos a lienzos que antes eran blancos. A veces me deja ayudarle. Suele dibujarse a sí misma, lo que ve a través de la ventana o incluso algo que la haya inspirado de algún libro o peli. Me encantaría poder dibujar tan bien como ella e inspirarme como ella lo hace. Tiene ideas fantásticas. Hace unos meses, publicaba sus obras en redes sociales y las vendía. Pero hace poco, cuando visitaba el Thyssen con ella, un hombre se le acercó. Le dijo que la reconoció de sus publicaciones y que creía que sus obras tenían un gran potencial y que si le podría interesar hacer una exposición con sus obras. Por supuesto, mamá le dijo que sí y ahora pasa aún más tiempo en su estudio pintando las veintisiete obras que el hombre le encargó. Igualmente, paso mucho tiempo con ella dentro de su estudio intentando dibujar. No importa cuánto lo intente… ya me he dado cuenta de que no dibujo nada bien. Mamá siempre me dice que dibujar bien no lo define el realismo de tu dibujo, o la perfección de las líneas; dice que lo que significa que alguien dibuje bien es que sus obras tengan significado, emoción, sentimiento, que cuando las veas te transmitan lo que el autor sintió al pintarlo. Cosa que no se puede hacer intentando buscar la perfección. La frase favorita de mamá es: «Es más perfecto lo imperfecto que lo perfecto». Nunca lo he entendido.

¿Las obras del Thyssen tienen lo que dice mamá? Y si no lo tienen, ¿en realidad son buenas obras? Estas son preguntas que me llevo haciendo desde muy pequeño, ya que mi padre ha trabajado siempre en el Museo, y mi madre ha pintado. Aún recuerdo cuando tenía aproximadamente unos cinco años y correteaba por los pasillos del Thyssen, hipnotizado, saltando de obra en obra. Siempre me ha encantado.

Como ya pueden ver, el arte y su historia siempre han estado presentes en mi vida, pero últimamente se podría decir que aún más. No he podido parar de pensar en los cuadros del museo, concretamente en cinco cuadros. Me pregunto cómo los pintaron, qué sintió el artista cuando los pintó y toda clase de preguntas relacionadas con el cuadro. Hay algunas que ni siquiera papá sabe contestarme y eso me frustra. Desearía poder conocer a los autores de aquellos cuadros y hacerles todas mis preguntas. Bueno…, eso deseaba ayer y toda la semana anterior, pero esta noche… ¿Anoche pudo haberse hecho realidad mi deseo?

Anoche tuve un sueño que se sintió muy real…

LES VESSENOTS EN AUVERS.

VAN GOGH

Anoche me dormí en mi cama como cualquier otra noche, pero de pronto una fría corriente de viento me despertó. Abrí y me froté los ojos lentamente aun adormecido. Estaba en el Museo Thyssen, nada nuevo para mí, lo extraño es que se supone que tendría que estar dormido en mi cama, pero... ¿qué hago aquí? ¿Por qué no hay nadie?

Frente a mí estaba el cuadro *Les Vessenots en Auvers* de **Vincent Van Gogh,** uno de los cuadros que me tenía obsesionado. Me quedé observando el paisaje pintado con brochazos sin expandir la pintura. Es un cuadro fantástico, casi te trasladas dentro de él con solo mirarlo un rato.

Estaba tan hipnotizado con la grandeza del cuadro que cuando sentí una mano posándose en mi hombro, salté del susto. Me di la vuelta rápidamente, ya estaba imaginando qué le iba a decir al guardia de seguridad cuando me doy cuenta de que a quien tengo detrás no es el guardia de seguridad del Museo, de hecho, es mucho más alucinante. ¡En frente de mí está Vincent Van Gogh!

—Hola, Joseph. ¿Te gusta mi cuadro? —me pregunta como si nada, como si encontrarse con un grandioso genio muerto todos los días fuera parte de mi rutina. Me quedo unos segundos procesando la situación pero al final consigo contestar.

—Hola, sí, es excelente. ¿Usted no está…?

—¿Muerto? —replica él antes de que pueda terminar la pregunta. Bueno, no es que esté vivo en realidad, pero eso ya es cosa mía.

Su respuesta no es nada útil, de hecho, me deja con más dudas que antes.

—¿Solo te importa si estoy vivo o muerto? Mis obras están dispersas por museos en el mundo entero. ¿En serio vas a perder esta oportunidad con esa pregunta? ¿No vas a preguntarme nada más útil?

Pienso que tiene razón. ¿Qué importa si está vivo o muerto? El punto es que está aquí y que puede hablarme de él y de sus cuadros, concretamente del cuadro que tenemos al frente, que es el que me interesa.

—Vale, entonces, ¿usted es Van Gogh? —le pregunto para estar seguro de que no es ningún tipo de broma muy bien hecha.

—Sí —afirma de forma secante, volteando los ojos como forma de decir que lo que preguntaba era evidente. Mejor dejo de molestarlo y hago lo que me pidió.

—¿Dónde está el paisaje del cuadro? —le pregunto, esperando que ese sea el tipo de pregunta que buscaba.

—En el cuadro estaba representando un paisaje de los alrededores de Auvers en Francia. Un paisaje muy bonito que me conmovió al momento de pintarlo. Al frente se pueden ver varias casas de campo con tejados rojos y en el fondo hay campos de trigo —dice orgulloso mientras observa el cuadro—. Fue de los últimos que pinté, me había mudado a Auvers-sur-Oise en Francia para recibir un tratamiento psiquiátrico. En realidad, no era necesario, yo estoy y estaba perfectamente bien —comenta, mientras se reía de una forma que me causaba escalofríos, a lo mejor sí que lo necesitaba... A lo mejor aún lo necesita—. En ese tiempo pinté más de setenta cuadros, incluido este... es de mis favoritos.

—Y otra pregunta —digo yo—. ¿Por qué le llamó así?

—Bueno, pues... —piensa unos segundos...

¿Es normal que los artistas olviden por qué le pusieron el nombre a sus propios cuadros? ¿A mamá se le olvidará también? ¿O simplemente a este tipo no le va muy bien la cabeza?

—La palabra «vessenots» hace referencia a un tipo de hierba que crece en los campos de trigo —dice él cuando al fin se acuerda del nombre de su propio cuadro—. ¿Sabes? —dice y sigue mirando el cuadro— Este cuadro me gustaba tanto que pinté muchas versiones de él. Mi favorita es la tercera versión de este. Está en el Museo de Arte de Filadelfia, Estados Unidos. Recuerdo que la pinté en mayo. No entiendo por qué esta es la más famosa —prosigue, cambiando drásticamente su tono de voz como si le hubiese entrado la ira, y doy un paso hacia la derecha para alejarme de él, me da un poco de miedo.

—La tercera versión está mejorada, es perfecta, arreglé todos los errores. ¿No crees que si hubiese querido que esta fuera la más famosa, lo habría dejado así y no hubiese seguido con la segunda y la tercera versión? ¿No crees? —Voltea la cabeza hacia mí y me mira con los ojos muy abiertos.

—Claro… Sí, tiene mucho sentido —le respondo más que nada para evitar que me mate. Sabía que estaba un poco loco, ¿pero tanto?

—¡Muy bien! ¡Por fin alguien que lo entiende! —exclama con emoción.

Al menos he dicho lo que quería que dijera. Escucho unos pasos que vienen desde la entrada. Parece alguien corriendo. Los pasos se oyen más fuertes, quien quiera que sea, viene en nuestra dirección. Van Gogh también lo nota porque inclina la cabeza hacia atrás en un intento de ver qué era sin moverse demasiado. Tiene una expresión desconcertada. No esperaba visitas.

Alguien se acerca y a medida que avanza puedo ir distinguiendo cosas. La primera es que sí es una persona, la segunda es que estoy casi seguro de que es otro pintor muerto. Y antes de que pueda confirmar la segunda, llega.

—¡Llegué! —dice de forma ahogada por haber corrido—. Lo siento, Joseph, se me hizo un poco tard… —Se queda perplejo cuando ve el rostro de Van Gogh. No comprendo lo que pasa. ¿Por qué es tan raro que Paul Gauguin y Vincent Van Gogh se encuentren en una sala y que yo esté hablando con dos tipos que murieron hace años?

—Vincent… ¿Qué haces… aquí? —le pregunta con un poco de miedo que pude percibir en sus ojos.

—Es martes, es mi día del Thyssen —le responde él de la misma forma en la que me respondió a mí cuando le pregunté si era Van Gogh. Voltea los ojos y contesta con seriedad.

—Hoy es lunes. ¿Hoy es lunes verdad? —pregunta mirándome, esperando a que conteste. Sí que es lunes, pero la mirada de Van Gogh me dice que más me vale decir que es domingo.

—Es verdad… Es lunes —opté por decir la verdad, ya que, en caso de que a Van Gogh le moleste mi comentario, ¿qué podría hacerme?

—Bueno, es lunes. ¿Y qué? Vienes mañana que era cuando se suponía que me tocaría a mí. Será lo mismo al fin y al cabo —responde Van Gogh a la defensiva y detecto cierto tono de fastidio.

—Está bien… —contestó Paul Gauguin.

Sé que le parece mal, pero no va a retar a Van Gogh. ¡Yo tampoco lo haría! Se da la vuelta y se dispone a regresar por donde vino. Pero antes de que pueda hacerlo, le cojo de la muñeca.

—¡Espera! No te vayas —le pido—. ¿Por qué os lleváis tan mal?

—Bueno… antes éramos amigos. Nos conocimos en París… —Van Gogh le corta antes de que pueda continuar.

—Yo no diría amigos… Éramos rivales.

—Como quieras llamarle —le contesta Paul—. El punto es que Vincent estaba buscando un compañero… o rival artista con quién compartir sus ideas. Y bueno, yo estaba interesado en su visión del arte, de una forma más expresiva y emocional. Un año después de conocernos, comenzamos a vivir juntos y durante nueve semanas trabajamos en conjunto para crear cuadros que se hicieron muy famosos como *Los Girasoles o Café Terrace at Night* —me sorprende que Van Gogh aún no le haya interrumpido—. Sin embargo, yo era… ¿Cómo decirlo?..., un artista más experimentado que él.

—¿Más «experimentado» dices? ¿Tú realmente crees que eres más «experimentado» que yo? —está furioso, se le nota en el tono de voz y en la expresión fruncida de su rostro.

—Te vuelvo a decir. Déjame hablar, y después cuentas tu versión —Van Gogh pone los ojos en blanco, pero le deja continuar—. Como decía, yo era y soy más experimentado que él y se notaba que eso y mi personalidad dominante le irritaban profundamente. Teníamos discusiones sobre arte que se solían convertir en acaloradas y largas peleas. Esto era frecuente —hace una pausa, presiento que ahora va a decir algo importante—, pero lo que acabó de arruinar nuestra relación fue cuando a Vincent le dio un ataque de locura y me intentó atacar con una navaja. Yo logré escapar y le dejé solo. Al parecer, después de eso, se cortó la oreja…

Van Gogh está cada vez más furioso. En parte, lo entiendo, a nadie le gusta que le tomen por loco…, aunque no es que no lo esté… Antes de que Van Gogh pueda decir algo, Paul Gauguin mira su reloj, su cara se pone pálida y le lanza una mirada a Van Gogh. Parece que este la entiende porque anda hacia mí. Me toma por los hombros y me levanta, intento soltarme pero no puedo. Paul abre la ventana.

—Nos vemos mañana a la misma hora —dice Paul.

—¿Qué? ¡¿Qué está pasando?!

Antes de que me contesten, Van Gogh me lanza por la ventana. Estamos en la última planta y caigo rápidamente. Justo antes de caer, cierro los ojos esperando el final. Espero…, espero… y ¿nada? ¿Por qué no he chocado contra el suelo? Tengo miedo de abrir los ojos, así que lo hago lentamente. Estoy en mi habitación, dentro de mi cama.

MATA MUA (ÉRASE UNA VEZ). PAUL GAUGUIN

Todo el día estuve pensando en mi «sueño», si es que aquello lo era. Pensé en comentárselo a papá, pero estaba seguro de que no me creería, así que se lo conté a mamá. Ella me dijo que la mente es muy poderosa y que puede hacer realidad las cosas más impresionantes jamás pensadas. No lo entendí muy bien; no suelo entender lo que me dice mamá. No sabía si me creía o no, que era lo que realmente me importaba, eso y que me diera una explicación lógica a lo que me había sucedido.

Al final del día, me fui a mi cama y tenía una sola cosa clara: me daba igual si aquello fuese un sueño o no. Yo quería volver a vivirlo. Antes de dormirme, me quedé pensando en lo que me dijo

Paul justo antes de que Van Gogh me lanzara por la ventana. ¿A qué se refería con que me vería mañana a la misma hora?

Antes de poder analizar mucho más mi pregunta, me quedé dormido. Me desperté por el sonido del chasquido de unos dedos justo en frente de mi cara. Abrí los ojos y tenía a Paul Gauguin enfrente de mí, de nuevo.

—¡Al fin te despiertas! —exclama con una sonrisa.

Estamos de nuevo en el Museo, y estoy un poco desorientado porque me acabo de despertar y no sé en qué sala estamos.

—Venga, andando —me dice él mientras tira de mi muñeca. Mientras camino, me voy ubicando; creo que ya sé a dónde me está llevando. Llegamos a la sala F de la primera planta del museo. Ahí está uno de sus cuadros más famosos, el *Mata Mua.*

Me suelta cuando estamos frente al cuadro.

—¿Qué significa **Mata Mua**? —le pregunto sin dejar de observar el cuadro.

—Mata Mua significa «Érase una vez» en maorí, el idioma que se habla en la isla de Tahití, donde pinté y viví por varios años. Le puse este título porque el cuadro es como… un cuento de hadas, algo que pasó hace mucho tiempo y que ya no existe. ¿Ves a esa mujer que toca la flauta? Ella es una diosa, es la diosa Hina, diosa de la luna, la fertilidad y la belleza, y por eso está rodeada de naturaleza. Pero, a su vez, la mujer de la flauta representa a Teha´amana, una chica que conozco que aparece en varias de mis obras, las mejores… diría yo —hace una pausa y cambia de tema—. Me encanta utilizar elementos que tengan un significado para mí o que representen algo que vi, pensé o aprendí.

—No lo sabía, entonces, ¿usted nunca vio esta escena? Solo se la imaginó —le pregunto un poco sorprendido, ya que el cuadro tiene muchos detalles y gran variedad de elementos. Nunca me hubiese imaginado que era completamente inventada.

—Bueno, no completamente; al fin y al cabo, yo sí estuve allí, solo añadí personas y elementos.

—Y, ¿hay más elementos con un significado para ti en este cuadro?

—Sí, la montaña del fondo representa lo alto y lo lejano, lo lejos que queda ese mundo para nosotros. Pinté este cuadro pensando en un tiempo en el que la vida era más sencilla y feliz. Un tiempo en el que la naturaleza abundaba y la gente vivía en paz.

—Entonces… este cuadro es como un mundo mágico y maravilloso, un mundo que ya no existe, pero que aún nos podemos imaginar.

—¡Exacto! —exclama con entusiasmo—. La idea de ese mundo mágico y maravilloso del cuadro la saqué de la cultura maorí. La estatua del fondo es mi representación de un ser adorado de la cultura maorí. Una diosa.

—Yo he escuchado varias veces que el cuadro es más bien una obra primitiva y exótica. Mi padre me ha dicho que tuvo gran controversia en su momento por eso.

—Es verdad. La gente no sabía apreciar el arte. Pero, con el paso del tiempo, lo han empezado a ver como la obra maestra que es —me parecía un poco egocéntrico decir que tu propia obra es una obra maestra, pero Paul me estaba cayendo bien y, a diferencia de Van Gogh, me parecía que en su cabeza no se cruzaba ningún cable—. Ahora está considerado una de mis obras más importantes.

—Es un cuadro magnífico —digo—. ¿Qué te hizo decidir que querías dedicar tu vida al arte?

—Pues… Pasé toda mi infancia y adolescencia mudándome alrededor del mundo. Vi tantos lugares increíbles que tenía la necesidad de dibujarlos para recordarlos… —Paul hace una pausa, supongo que para añadir dramatismo. Suelta un suspiro y susurra: por siempre… —Después, comencé mi carrera como artista, pero veía que mis obras no me decían, ni me expresaban nada; mi estilo de pintar me desilusionó. Yo quería que mi arte fuera más expresivo y personal, así que comencé a experimentar con nuevos métodos y técnicas.

—¿Por qué quería que su cuadro expresara algo? Dibujaba bien, ¿no? ¿Con eso no es suficiente?

—Un pintor que solo es capaz de dibujar exactamente lo que ve, la realidad, no se debería considerar pintor. El arte es algo que hay que sentir. Si ves una obra que no habías visto nunca, deberías poder ser capaz de identificar de quién es tan solo por el estilo del cuadro. Sí es importante —coloca una mano sobre mi hombro y sonríe de nuevo—. Por eso, en 1889, me mudé a Tahití, la isla del cuadro, en el Pacífico Sur. Este lugar era mágico; me cautivó —expresa con una sonrisa—. Allí comencé a pintar una serie de obras que representaban la vida cotidiana de los nativos tahitianos. Conseguí desarrollar un estilo personal. Utilizar colores planos y contornos definidos para crear imágenes simples y expresivas. También me inspiré en el arte maorí y el japonés.

—¿Qué pasó después? —pregunto.

—Me pasé mis últimos años recorriendo el mundo buscando inspiración, hasta que mi legado artístico culminó en Atuona, en las islas Marquesas.

No sé qué decir. He descubierto un montón de cosas sobre un artista increíble; sé que no lo olvidaré jamás. Supongo que ya de por sí es difícil olvidar que te hable alguien que ha muerto, ¡pero que esté muerto y que además sea un genio! Me quedo observando el cuadro mientras pienso qué decir. Ahora que sé su significado, es mucho más interesante verlo; era como si la escena representada tuviese vida. ¡Ya sabía qué decirle a Paul! Me vuelvo, pero… no está. ¿Dónde ha ido?

De un momento para otro, estoy en mi habitación otra vez. ¿Habrá sido otro sueño? No lo entiendo, pero no siempre hace falta entender las cosas; a veces, con disfrutarlas es suficiente. Espero que esta noche suceda de nuevo.

EL PUENTE DE WATERLOO.
ANDRÉ DERAIN

Hasta ahora había entendido algunas cosas. La primera es que, después de dormirme, me despierto en el musco, ¿o en realidad no me despierto? Sea como sea, cuando cierro los ojos y me duermo, aparezco en el Thyssen. Entonces, siempre que quiera volver allí, simplemente tengo que cerrar los ojos. La segunda es que siempre llega un momento en el que me despertaré y toda mi vida volverá a la normalidad.

Tomando en cuenta que el lunes vi a Van Gogh y el martes a Paul Gauguin, lo lógico sería que vaya a conocer a los autores de los cinco cuadros que me obsesionan, por lo cual quedan tres pintores y muero por conocerlos.

Intenté dormir la siesta dos veces durante el día, pero no pude dormir. Espero que el siguiente pintor sea amable, porque no voy a dudar en preguntar cómo es que todo esto es posible.

¡Por fin es el final del día! El momento que llevo esperando desde que me levanté. No tardo en dormirme.

Me despierto por un extraño movimiento que me mece de un lado a otro, abro los ojos, todo se ve... ¿borroso? Debe ser porque me acabo de despertar. No, no importa cuánto me frote los ojos, todo está como pixelado, incluido el bote en donde estoy. No comprendo nada. ¿La dinámica no era despertar en el museo?

Mientras más cerca estén las cosas de mí, menos entiendo lo que son. Miro hacia arriba, ¡ya sé dónde estoy! Un enorme sol hecho de miles de puntos de tonos amarillos. Estoy dentro de *El puente de Waterloo*, un cuadro de **André Derain**.

—¡Eh, pequeño! ¿Estás bien? —es André, él no está pixelado, ¡menos mal!—. Lo siento, a veces hay problemas con el lugar de aparición.

—Sí, estoy bien.

—El bote está atado a esta cuerda, solo basta con tirar para sacarte del Támesis —Y comienza a tirar.

—Entonces, en este cuadro estaba pintando el río Támesis... ¿Dónde está?

—El río Támesis está en Londres. Le puse al cuadro el nombre de *El puente de Waterloo*..., bueno, porque el puente se llama Waterloo —ríe—. Ya lo sé, no podía haber sido menos original, pero es un nombre igualmente bonito. ¿Sabes que le pusieron ese nombre al puente por la Batalla de Waterloo, que se dio cinco años después de que el puente comenzara a construirse?

Estoy en la costa, André me ayuda a salir del bote. No se distingue muy bien dónde está el suelo o el agua, pero hago lo que puedo.

—Entonces, hay un puente que tiene el nombre de una batalla y un cuadro que tiene el nombre de un puente que tiene el nombre de una batalla —digo justo al salir y me río. Es lioso, pero tiene su gracia. André ríe también y asiente con la cabeza.

André comienza a caminar. No sé muy bien a dónde va, pero le sigo.

—Una pregunta... ¿Cómo funciona esto? —Por la cara de André, veo que no sabe a qué me refiero, así que me dispongo a contarle. Todas las noches me duermo en mi habitación y cuando despierto, estoy en el museo. Y no solo eso, comienzo a hablar con pintores muertos sobre sus cuadros o... me veo de repente dentro de un cuadro de un pintor muerto y hablo con el pintor, que es aún más raro. Raro positivo, pero raro.

—Ya... Bueno, mira, lo de que estés hablando conmigo es complicado de explicar. Pero estás aquí porque amas estos cuadros.

Iba a seguir interrogándole, pero antes de que pudiera hacerlo, André cambia de tema.

—¿Sabes? Lo que más me costó de este cuadro fue elegir los colores perfectos para cada parte. Lo más común es utilizar colores oscuros en el fondo y claros adelante para aportar profundidad; yo lo hice al revés y también funcionó.

—¡Es verdad! Nunca me había fijado en eso.

Desde adentro del cuadro no se podía distinguir muy bien, pero recordaba su imagen en mi mente. Ya me estaba comenzando a marear con todo el entorno pixelado. ¿Así es como ven las personas con astigmatismo?

—Este puente tiene algo mágico. La mayoría de los artistas que lo pintaron o que lo pintan no hacen una sola obra de él, sino que hacen muchas. Es un lugar tan increíble que supongo que a la gente le gusta tener varias copias de una misma imagen. Yo hice muchas pinturas del puente. Pero esta es la más famosa y la gente dice que es una obra maestra —André se pone cabizbajo—. ¡Qué lástima que en mis tiempos no lo vieran así!... La gente consideraba el cuadro como algo demasiado radical y agresivo. Al menos el mundo está mejor ahora... La mente de la gente de esa época era demasiado cerrada; ver una obra distinta daba miedo.

Seguimos caminando. Del otro lado del río había un montón de siluetas azules que sabía que eran edificios, pero no tenía claro cuáles. Estos no

estaban pixelados; el puente al que nos acercábamos tampoco.

—¿Cómo acabaste en Londres? —pregunto.

—Bueno, pues, nací en un suburbio de París y desde pequeño me interesó el arte. Comencé a tomar clases en una academia de París. Cuando solo estaba en la escuela, ya conocía a Henri Matisse y a Maurice de Vlaminck. Me uní a ellos para formar un grupo de artistas. Nos llamaban los fauvistas. Usábamos colores vivos y expresivos, y rechazábamos los principios de la perspectiva y la composición tradicionales. —Me preguntaba cuándo iba a llegar a la parte de cómo llegó a Londres, pero lo que decía era interesante—. El cuadro en el que estamos fue uno de los que más ayudaron a definir el movimiento del fauvismo. Este cuadro pertenece a un grupo de pinturas con colores puros y pinceladas exuberantes. Realicé estas pinturas en Londres por invitación del marchante de arte Ambroise Vollard, que quería que pintara allí. Pero no solo estuve en Londres; no, también visité países como Italia, España y algunos de África del Norte.

Estos viajes me inspiraron para poder producir varias obras sobre lugares exóticos y países variados. Esto me permitió colaborar con artistas como Pablo Picasso y Jean Cocteau.

—¿Siempre pintaste de esta forma? Me refiero a con el pincel lleno de pintura para que se noten los brochazos y la creación de elementos mediante puntos o líneas —pregunto.

—No, tardé mucho en encontrar mi estilo personal, pero los fauvistas me ayudaron bastante. Experimenté con muchos estilos: el cubismo, neoclasicismo y surrealismo. También probé varios métodos de arte: la pintura, el grabado, el diseño teatral y la escultura. Al final, pude desarrollar mi propio estilo.

Paul Gauguin también probó varios métodos hasta encontrar el suyo propio; puede que eso sea lo que hacen todos los artistas de verdad. Probar, experimentar y seguir probando y experimentando. Al fin y al cabo, nadie nace con un pincel en la mano.

—En mis últimos años —André continuó—, me dediqué principalmente a la representación de paisajes, retratos y naturalezas muertas. En esta época, solía pintar con tonos más oscuros y apagados. Hay mucha serenidad en esas obras.

André comienza a bajar por unas extrañas escaleras que están al principio del puente. Lo extraño de ellas es que son normales, no están pixeladas ni dibujadas; son normales escaleras de cemento. Yo lo sigo. Estamos debajo del puente, en una plataforma que está justo sobre el río; entonces, me agacho para tocar el agua. Aunque sean un montón de puntos azules, sigue siendo agua. Es precioso. Hay una puerta de madera (también normal) en el lado de la plataforma que está hacia la costa. André está buscando una llave; supongo que entraremos allí. Consigue la llave y la introduce en la cerradura, pero antes de abrir, se detiene y saca un reloj dorado de su bolsillo. Es como un reloj de muñeca pero sin correa. Mira el reloj, parece asustado. Abre la puerta y me coge de la muñeca. Me pone delante de la puerta y me empuja adentro de la habitación. Cierra la puerta. No veo nada, está todo oscuro; cierro los ojos. Cuando los abro, estoy una vez más en mi cama.

EL SUEÑO (FRANZ MARC)

La noche anterior no conseguí sacar información a André. En parte, me arrepiento un poco de haberle preguntado. Mi tiempo en cada uno de esos lugares es limitado y hubiese podido haberle preguntado alguna otra cosa. Voy a intentar autoconvencerme de que no me interesa lo que hago allí. Es solo un sueño, un sueño increíble, pero un sueño.

Hoy me costó mucho más quedarme dormido, pero al final lo conseguí. Cerré los ojos y cuando los abrí... nada, no ha pasado nada. ¿Por qué sigo aquí?

Pestañeé varias veces, espera... Sí que hay algo diferente. ¿Por qué todo mi cuarto parece un dibujo? ¿Por qué hay tantos colores en todas partes?

Me levanto de mi cama con cuidado. Parece que mi habitación se ha convertido en un cuadro; pue-

do notar los brochazos en cada uno de los objetos que hay en ella. Camino hasta la puerta; toda mi casa está así, no es solo mi habitación. La cocina, el salón, ¡todo! Es maravilloso. Continúo caminando y me acerco a la nevera. Los objetos de adentro también parecen dibujados, zanahorias que parecen simplemente palos anaranjados, nada parece tener profundidad hasta que te acercas.

Camino hasta la puerta de salida, quiero ver cómo es fuera. Abro la puerta y todo parece un sueño. El exterior también está «pintado».

Me detengo en la puerta de entrada. Miro a la derecha, un campo con árboles de colores en el que galopan caballos azules. A mi izquierda, hay casas de color amarillo con tejados rojos, también hay caballos, pero son «normales» dentro de lo que cabe, tomando en cuenta que parecen un dibujo con vida propia.

¡Ya sé en qué cuadro estoy! Bueno... en realidad no es un cuadro. Es el mundo real adaptado al estilo de un cuadro, y ese cuadro es *El sueño*, de **Franz Marc.**

Escucho el sonido del galope de un caballo, viene hacia mí, volteo hacia la izquierda, nada; hacia la derecha. Veo a Franz Marc sobre un caballo azul. Viene tan rápido que por un momento pienso que se va a estampar conmigo. Tapo mi cabeza con mis brazos. Pero, a pocos metros de mí, frena de golpe.

—¡Hola! ¿Qué tal? —me pregunta y continúa— ¡Ven, sube! —Me tiende la mano para que suba con él al caballo azul.

—¡Hola! Muy bien, ¿y tú? —respondo como si le viese todos los días de mi vida mientras me subo al caballo.

—¿Acaso en un mundo como este se puede estar mal? ¡Es un sueño! Por eso le puse ese nombre —contesta, como si no hubiese empezado él—. También le puse ese nombre porque para mí representa naturaleza, fuerza y vitalidad. Representa un mundo ideal en el que la naturaleza y el hombre viven en armonía. Un mundo en el que las personas y los animales son amigos y se cuidan los unos de los otros. Para mí, este cuadro y este mundo son tan importantes porque nos enseñan que existe la posibilidad de que el ser humano y la naturaleza vivan en paz y armonía. Y eso también es un sueño, pero un sueño que podemos hacer realidad. Un mundo que todavía no existe, pero que podemos hacer real si queremos y nos lo proponemos.

Lo que acaba de decir Franz me ha hecho pensar. Antes, con Paul, hablamos de un mundo del pasado en el que el ser humano vivía junto a la naturaleza. No había pensado en la posibilidad de eso ahora, en el presente. ¿Es posible que en el futuro lleguemos a eso? Sería maravilloso. Si lo piensas, en el planeta Tierra, cada vez quedan menos especies exóticas, cada vez hay menos árboles, más contaminación. Podríamos cambiar.

Ya llevamos un rato galopando en el caballo; veo el museo a lo lejos. Deberían hacerle una reforma para que sea como lo estoy viendo ahora en mi «sueño» en la vida real. Los ladrillos son de colores, cada ventana parece un pequeño ventanal con miles de trozos de cristal coloridos que forman un mosaico asombroso. Ya le contaré mi idea a papá, después le escribiré un correo al museo dando la idea; les podría enviar un boceto de la nueva idea de la fachada también.

Llegamos al museo y nos bajamos del caballo. Comenzamos a caminar... es el mismo museo, son los mismos cuadros, pero todo tiene más color; parece que el museo tiene más vida que antes. Me voy a tomar en serio lo de mandarle el correo para la idea de reforma.

—Pinté este cuadro cuando apenas estaba empezando a desarrollar mi estilo expresionista —dice Franz mientras caminamos—. El impresionismo es un estilo artístico que pone mucho interés en el uso de colores puros, pinceladas sueltas y la representación de la luz y la atmósfera —explica—. Utilicé muchos colores primarios y formas geométricas. El resultado fue una atmósfera mágica y espiritual.

Llegamos a la sala 36, donde está el cuadro.

—¿Qué representa la mujer del centro? —pregunto cuando lo veo.

—La naturaleza y la pureza. Me inspiré en Maria Franck, mi esposa, una mujer preciosa —contesta un poco nostálgico. Aunque el cuadro ha sido interpretado de diversas maneras. Algunos creen lo que te dije yo cuando estábamos en el caballo: «una visión ideal de armonía entre el hombre y la naturaleza», pero otros creen que es una metáfora de guerra y destrucción, y otros lo ven como si estuviera representando dos mundos: la realidad y un mundo que perfectamente podría pertenecer a un cuento de fantasía. —Sonríe. Y yo me pregunto cómo preferiría que interpreten su cuadro—. Adoro que cada persona vea en este cuadro algo distinto; eso también sería parte de un mundo de ensueño. Que todas las opiniones sean válidas. Franz quiere hacer que el mundo sea un lugar mejor. Nunca me imaginé que sus cuadros representan eso.

—¿Cuándo comenzaste a pintar? —pregunto.

—Bueno, mi familia era una acomodada familia alemana de Múnich. Mi padre era pintor, paisajista. Eso despertó mi interés por el arte desde muy joven. Después me ingresaron en la Academia de Bellas Artes de la ciudad. Pero me aburrí pronto de la enseñanza artística tradicional y comencé a buscar mi estilo propio. —Se nota que está orgulloso de todo lo que dice; yo también lo estaría—. Después, creé un grupo artístico llamado ***Der Blaue Reiter***, que en español sería «El jinete azul». Desde que empezamos, nos caracterizaban por nuestras composiciones abstractas y la conexión del hombre con la naturaleza. Yo me oponía a la guerra y a la violencia y además participaba en un movimiento pacifista alemán. Mucha gente no estaba de acuerdo conmigo; me miraban mal o me decían cosas, pero eso no me importó en su momento y sigue sin importarme ahora. Las cosas diferentes dan miedo; y yo entendía a la gente. Después me llamaron para participar en el ejército alemán, pero morí en combate con muchos otros —Franz se pone cabizbajo.

No entiendo por qué hay guerras; nunca lo he entendido. Las personas quedan traumatizadas después de asistir. ¿De verdad el mundo está tan poco civilizado como para no poder llegar a acuerdos sin perder vidas en el proceso?

Mientras estaba absorto en mis pensamientos, Franz me empuja hacia el cuadro; sorprendente-mente, lo atravieso sin problemas. Como si fuera una ventana. Y entonces caigo sobre mi cama, en el mundo «real».

SUEÑO CAUSADO POR EL VUELO DE UNA ABEJA ALREDEDOR DE UNA GRANADA UN SEGUNDO ANTES DEL DESPERTAR. SALVADOR DALÍ

Estoy a punto de irme a dormir. Ya he conocido a los creadores de cuatro de los cinco cuadros que me obsesionan del Thyssen-Bornemisza. Eso significa que solo queda uno... ¿Eso significa que esta será la última noche que conozca a algún artista de un cuadro asombroso? ¿Solo conoceré a los artistas de los cinco cuadros? No quiero que esto acabe.

Me duermo, pero comienzo a tener frío. Hay mucho viento. Abro los ojos. Estoy tumbado en un banco de madera frente a la entrada del museo. Me pongo de pie y entro lo más rápido que puedo para no sufrir una hipotermia. Comienzo a escuchar voces mezcladas con risas y sigo las voces que vienen de la primera planta, en la sala de exposiciones temporales. Camino hasta allí.

Me quedo en la entrada de la sala un rato observando la situación. Salvador Dalí se encuentra en el centro de la sala junto a su bigote puntiagudo. Está pintando en un gran caballete que no sé de dónde salió. Hay tubos de pintura dispersos por el suelo, junto a pinceles de distintos tamaños, folios con bocetos y algunos lápices. Hay más pintura en el suelo que en el cuadro.

Frente a Dalí se encuentra Gala, su esposa. Está tumbada en un sillón rojo con detalles dorados que tampoco sé de dónde salió. Lleva puesta una falda negra con volantes que le llega hasta los tobillos y una blusa con rayas negras y blancas. Asumo que Dalí la está retratando, pero está pintando algo muy distinto a lo que realmente está viendo.

—¿Te vas a quedar ahí o vas a entrar de una vez? —me pregunta Gala.

Me dispongo a entrar. Me acerco a Dalí y me pongo detrás de él para ver con más claridad lo que está pintando. Justo detrás está ese mismo cuadro, solo que lo pintó casi un siglo antes. ¿Por qué lo replica? Dalí da un giro con su taburete y me tiende la mano.

—Eugenio Salvador Dalí, mucho gusto —me dice.

—Mucho gusto —le contesto mientras le aprieto la mano. Me suelta y vuelve a pintar—. ¿Por qué está repitiendo el mismo cuadro?

—Bueno, estoy reviviendo el momento —me dice sin apartar la mirada de su pintura—. Me encanta esta pintura, aunque no esté allí, en el mar, y esté en este museo..,. es como si lo estuviera. Como si Gala estuviera sobre esa roca en el paisaje marino.

—¿Por qué le colocó ese título tan largo? —interrogo porque ya estoy leyendo el título en el cartel de información del museo, y no entiendo ni la tercera parte de lo que dice.

—Me inspiré en un poema de Federico García Lorca. El título del poema es: *El sueño causado por el vuelo de una abeja sobre una granada un* *segundo antes de despertar.* Sigo sin entender el título, solo lo ha cambiado por otro título. Imagina que estás durmiendo y oyes un zumbido tan fuerte que te despierta. Ves una gran explosión de la que salen dos tigres, un pez y una bayoneta. Pero... ¿qué me está diciendo este señor? Tuve ese sueño y eso me inspiró. Eso explica algunas cosas, aunque sigue siendo bastante raro. El sueño me recordó al poema y el poema me inspiró para hacer el cuadro. Soy un gran admirador de García Lorca.

—¡Vaya! Nunca había pensado en la posibilidad de inspirarse en un sueño para hacer un cuadro —me detengo a pensar, ¡he tenido un montón de sueños maravillosos! Seguro podría lograr algo con eso.

—Te puedes inspirar en absolutamente lo que sea para pintar, e ir añadiendo cosas o elementos para hacer el cuadro algo más especial y personal. Por ejemplo, la bayoneta es un arma de guerra, representa la violencia y la destrucción. La bayoneta es lo que despierta a Gala

—Dalí la mira—, a veces la realidad puede ser violenta y destructiva.

Entonces, además de que el cuadro está basado en un sueño, le da significado a cada uno de los componentes.

—La parte de «Un segundo antes de despertar» significa que el sueño es un momento de transición entre la realidad y el subconsciente... el subconsciente es... —hace una pausa, está pensando qué decir—. Imagina que en tu cabeza hay una caja con recuerdos, pensamientos y experiencias. Pero esa caja solo se abre cuando no estás consciente, como en sueños, por ejemplo. Tú no recuerdas nada de lo que está dentro de la caja, pero la caja sigue ahí esperando a ser abierta. Ha sido una buena explicación, había escuchado esa palabra en muchas ocasiones y nunca la entendí bien. Creo que gran parte de la gente no la entiende bien. Lo que quiero decir es que el sueño es un momento en el que la mente libera sus restricciones de la realidad, y esto también puede generar miedo y angustia.

—Ahora que me lo has explicado, me doy cuenta de que el cuadro no es solo una escena representada en un lienzo. Es como si los elementos del cuadro se fueran a mover en cualquier instante, ahora tienen más vida.

—¡Exacto! Gala se duerme por el zumbido de una abeja alrededor de una granada, después, mientras Gala sueña, ve una explosión y, por último, la bayoneta de la explosión la despierta del sueño.

—¿Qué te inspiró para ese estilo artístico?

—Bueno, nací en España, a ninguno de mis padres le interesaba el arte. Pero yo desde pequeño fui talentoso. Aprendí a leer y a escribir muy pronto y me interesé por el arte desde joven. A los dieciséis años, ingresé a la Academia de Bellas Artes en Madrid. Después, conocí a André Breton, que me introdujo en el movimiento surrealista, un movimiento artístico que explora los sueños y el subconsciente —hace especial énfasis en esta última palabra, supongo que es porque me acababa de explicar lo que era—. Fue una gran idea, pintar exactamente lo que tienes al frente de ti es sencillo, pero sacar ideas de sueños, detalles, personas... y después juntarlo todo, para eso... para eso hay que ser un genio. Por suerte, yo lo soy —me sorprendió el egocentrismo de ese último comentario, pero no comenté nada—. Algunas de las pinturas surrealistas más famosas del mundo son mías —sonríe—. He sido inspiración para muchos artistas. —Y continúa pintando.

Dalí es un hombre alucinante. Pero él lo sabe y alardea de ello cada vez que puede. Disfruta de recibir atención.

Comienzo a escuchar muchos pasos provenientes de la entrada del museo, se escuchan voces que hablan entre ellas. Dalí y Gala deben de esperar a alguien porque, si no fuera así, investigarían o harían algo, ¿verdad?

Entran a la sala de exposiciones todos los artistas que he estado viendo estos días. Primero, Vincent Van Gogh; después, Paul Gauguin, detrás de él, André Derain, y por último, Franz Marc. ¿Qué hacen todos aquí?

Van Gogh se acerca a mí.

—Que te vaya bien —me da un abrazo un tanto melancólico.

Me sigue dando un poco de miedo, a decir verdad. Se acerca Paul, que le pone mala cara a Van Gogh, pero no hace nada.

—Espero que tu día conmigo haya servido de algo —sonríe y me da un abrazo también, este un poco más tosco.

Cuando Paul termina de abrazarme, me doy cuenta de que tengo a André detrás.

—Perdón por arrojarte a aquella habitación... —ríe.

—No te preocupes —le abrazo.

Voy hacia Franz Marc y también le doy un abrazo.

Por último, abrazo a Dalí, que me pincha con su bigote. Mientras lo hago, cierro los ojos, enseguida me doy cuenta de que no tenía que haberlos cerrado. Los abro temiendo lo peor, y sí, efectivamente, estoy en mi habitación.

TRES MESES DESPUÉS

Desde esa última despedida en el museo, no he vuelto a ver a ningún pintor. Desearía haber estado obsesionado con más cuadros; así, hubiese conocido a más pintores. Aquellas fueron experiencias magníficas, cada una de ellas lo fue. Espero que algún día me vuelva a suceder.

He ido al museo varias veces e intento retener algunos cuadros en mi memoria cada vez que voy. A lo mejor, si pienso mucho en ellos, sus autores se me aparecen en sueños. Pero eso no ha pasado y estoy empezando a pensar que no pasará. Lo importante es que, mientras pude vivirlo, lo disfruté al máximo.

Ahora he empezado a pintar; cada tarde voy con mi madre a su estudio y pruebo toda clase de técnicas. Al principio, probé los estilos de cada uno de los artistas que conocí por separado. Pero después, comencé a juntarlos y a darles un toque personal. A veces, me inspiro en cuadros de pintores que no he conocido. Busco lo mejor de cada obra y lo junto todo en una sola.

Llevo dos meses haciendo el boceto de la fachada del museo. Lo repetía una y otra vez. Recuerdo perfectamente cómo se veía cuando estaba con Franz Marc. Pero decidí que quería hacerle algunos cambios para que sea aún más especial. Después de mucho trabajo, por fin envié el correo al museo. Envié la idea de remodelación tanto de toda la fachada y exterior como del interior. Aún no he recibido respuesta; lo escribiré aquí cuando me entere.

Ahora entiendo lo que me intentaba decir mamá: da igual si lo que dibujas es realista o perfecto. Lo más probable es que, si es así, no sea algo que realmente tenga significado.

He descubierto un montón de formas de crear mi propia versión de muchos cuadros... ¿Te gustaría hacerlo a ti también?

¿CÓMO HACER ARTE CON CINCO ESTILOS DISTINTOS?

Estos meses he podido investigar a fondo cada uno de los estilos de los artistas que he conocido. Lo primero que hice fue probar cada estilo por separado. Más adelante, seleccioné lo mejor de cada uno y mezclé técnicas y conceptos. Después de eso, hice muchas pruebas más hasta llegar a encontrar un estilo propio. Quiero ayudarte a conseguirlo también. Así que aquí te dejo una guía sencilla de cómo puedes replicar el estilo de cada artista. ¡Espero que te sirva! Y recuerda, no te frustres si no sale perfecto. La imperfección es perfecta. Aquí te dejo unos cuantos consejos extra que pueden servir para cualquiera de los estilos.

CONSEJOS:

1. No te preocupes por el realismo de las personas u objetos. Lo importante es captar la esencia de cada persona y cada objeto.

2. Usa pinceladas gruesas

3. Experimenta con muchos materiales y técnicas.

VICENT VAN GOGH

Van Gogh trabajaba con el expresionismo, que consiste en la representación subjetiva, distorsionada y deformada de la realidad con el objetivo de expresar emociones y sentimientos. Los artistas que pintan este estilo utilizan una paleta de colores vivos y expresivos y trazos exagerados y deformados.

PASOS:

1. Comienza eligiendo el tema, algo que te guste, cualquier cosa que te inspire.

2. Haz un boceto sencillo de lo que quieres pintar.

3. Elige los colores, son una parte importante de la elaboración del cuadro.

4. ¡Puedes empezar a pintar! Utilizar témperas, pintura acrílica, óleos o acuarelas. También podrías utilizar lápices de colores o ceras, pero es menos habitual en este estilo. No te preocupes por ser preciso, deja que tus emociones se vean reflejadas en el lienzo.

5. Lo último es añadir detalles: puntos, líneas, manchas, etc.

PAUL GAUGUIN

Paul Gauguin era un artista postimpresionista. El postimpresionismo se caracteriza por una expresión subjetiva y naturalista de la realidad, así como por la búsqueda de la expresión de las emociones. Este movimiento se inspira en el impresionismo y otros estilos artísticos, como el arte primitivo, el japonés y el simbolismo. En este estilo, se buscaba una voz personal e individual que expresara ideas y emociones propias.

PASOS:

1. Al igual que en todos los estilos, tenemos que comenzar por pensar en una idea para el cuadro.

2. Haz un boceto rápido para marcar la composición de tu pintura.

3. Elige colores vivos y expresivos. Crearán una atmósfera emocional.

4. Comienza a pintar; intenta usar un color diferente para cada uno de los espacios que usaste en tu boceto. Puedes utilizar témperas, oleos, pintura acrílica, acuarelas, ceras y lápices. Después puedes repasar los bordes de los objetos y de las partes de tu pintura con un bolígrafo, rotulador, o pintura.

5. Añade detalles sobre los colores planos que acabas de aplicar en cada espacio.

ANDRÉ DERAIN

André utiliza el expresionismo, al igual que Van Gogh, y también el surrealismo. Este último se caracteriza por la expresión del subconsciente y la imaginación, desafiando habitualmente la lógica y la realidad.

PASOS:

1. Piensa en una idea. Si te cuesta esta parte, puedes pensar en dibujar algún lugar que te guste, un sitio al

que quieras ir, incluso puedes imaginar cómo será el futuro y dibujarlo. ¡No hay límites!

2. Haz un boceto rápido.

3. Después, debes explorar tu subconsciente. Para esto lo mejor es crear un diario de sueños, es decir, un diario o cuaderno en el que escribes lo que sueñas.

4. Ahora que has explorado tu subconsciente y sabes lo que quieres representar, comienza a crear imágenes relacionadas con lo que sacaste de tu subconsciente. Lo importante es que no estén en paralelo con la realidad. Para lograr esto, puedes otorgarle colores a objetos que no corresponden con ellos; por ejemplo, árboles azules.

5. Usa pinceladas sueltas y colores puros.

Con el estilo de André también probé a hacer una técnica llamada puntillismo. Consiste en hacer un boceto y rellenar cada parte con puntos en distintos tonos.

FRANZ MARC

Franz Marc también era expresionista. Para personalizar ese estilo, utilizaba muchas figuras geométricas y le encantaba representar anima-les. Además, solía cambiarles los colores a las cosas como hacía André, por ejemplo, caballos azules.

PASOS:

1. Elige un tema.

2. Haz un boceto.

3. Elige colores muy vivos. Usa mucho los colores primarios. Puedes utilizar témperas, óleos, acuarelas, pinturas acrílicas, lápices de colores y ceras. Recomiendo mezclar los colores primarios para crear secundarios:

4. (Rojo + Amarillo = Naranja) (Rojo + Azul = Morado) (Azul + Amarillo = Verde)

Al tener esos colores, se les puede ir agregando más o menos de un color u otro. Puedes añadir blanco y negro para aclarar u oscurecer.

5. Comienza a pintar. Marc utilizaba pinceladas más cuidadosas, pero nunca buscando el realismo.

6. Lo último es añadir detalles. Puntos, líneas, manchas, etc.

SALVADOR DALÍ

Dalí era un artista surrealista que se basaba mucho en las emociones. Su representación de la figura humana era deforme y se inspiraba en su subconsciente. Creaba escenas tan posibles como imposibles al mismo tiempo, representando paisajes que podrían ser reales con objetos y personas que también lo son, pero cambiaba todo de una forma en la que todo adquiere una apariencia irreal.

PASOS:

1. Busca inspiración; puede ser en tu diario de sueños.

2. Ahora que tienes ideas elaboradas, haz un boceto.

3. Elimina o cambia todo lo que concuerde con la realidad en tu boceto. Deforma a las personas, elimina las leyes físicas… ¡No hay normas!

4. Dalí solía añadir muchos pequeños detalles o elementos, cada uno tenía algún significado.

UNA HORA DESPUÉS...

Después de escribir las ideas para inspirarte en los artistas, me respondieron al correo que había enviado al Thyssen.

«¡Buenos días, estimado aficionado del arte! Hemos recibido tu correo y tendremos en cuenta tu proposición. ¡Es una idea increíble! Mezcla de todos y cada uno de los cuadros más importantes del Thyssen. Es colorido y atrevido; estamos seguros de que atraerá a un gran público. Atentamente, Administración Thyssen».

¡Van a tomar en cuenta mi idea! ¡Van a tomar en cuenta mi idea! Esta semana es de las mejores cosas que me ha pasado. He aprendido mucho y estoy feliz por ello. Gracias a conocer a todas esas brillantes mentes, ahora estoy aquí. Puede que en un futuro, mi dibujo de la fachada cobre vida. Y todo es gracias a ellos, ¡a ellos! A experimentar nuevas técnicas, a perfeccionarlas y a repetirlas una y otra vez hasta lograr crear un estilo. Espero que este diario inspire a más personas en el futuro.

¡Hola!, soy Luciana, la autora de esta historia. Para completar esta experiencia, quería contaros que, antes de publicar el libro, se lo enseñé a algunos miembros de mi familia, entre ellos, mi tía y mi prima. La verdad es que no sé si fue casualidad o suerte, pero el hecho es que a mi prima le pidieron escribir un poema como trabajo para su colegio. Yo sabía que estaba escribiendo algo acerca de mi libro, y también que iba a ser hermoso, ya que he leído otras cosas de ella que no solo son preciosas, sino que demuestran su increíble capacidad para escribir poemas. En cuanto lo leí, me pareció tan bonito que pensé que sería una fabulosa idea añadirlo al libro para poder compartirlo con todos los lectores.

Andrea Atencio Rubio es mi prima y nació el 27 de enero de 2012 en Londres. En 2020, se mudó a España, y ahora compartimos mucho tiempo juntas. Siempre me ha maravillado la facilidad que tiene para escribir tanto en su lengua natal como en español. ¡Espero que os guste su poema tanto como a mí!

CON EL THYSSEN Y SUS COLORES SUEÑO

Un niño curioso
que de sus padres se siente orgulloso.
Sueños raros le visitan
y claridad aún no conquistan.
Su padre trabaja en el Museo Thyssen,
donde las mejores obras existen.
La madre es artista,
y sus obras son surrealistas.
¡En sus sueños entraba en las pinturas!,
y en cada cuadro descubre diferentes texturas.
¡Hasta conocía a los pintores!
dentro de los cuadros de colores.
Cada cuadro era diferente,
y él, increíble se siente.
Salía de los sueños con inspiraciones,
y para pintar, ahora tenía más razones.